Rita's Garten

모든 계절이 유서였다

―

아직도 귓불을 만지는 바람은
더 할 이야기가 많다고 한다.

_ 10. 22. 2018

Rita's Garten

모든 계절이 유서였다

들어가며

작은 꽃일수록 떨어진 자리엔 향기가 지독했다.
나는 나의 손금 하나에도 쉬 떨면서,
낙화하는 것들까지도 돌보려 한다.

이제, 남은 계절에 속해
향기를 이어가려 한다.

마지막 꽃들의 유언을 경건히 받아 적고 있다.

시

노트에 꽃잎을 올리니.
시가 되었다.

꽃. 이라고 발성을 해보니
오늘은 제일 아름다운 문장을 쓴 것 같다.

꽃은 제 몸이 신이고
제 몸이 성지이다.

한결같이
오롯이 자신만을 다하고 순교하는 꽃 앞에서

나는 무릎을 꿇을 수도 있다.
나는 꽃이 종교라
꽃의 몸짓만을 믿는 사람이라

그들의 시를 받아 적고 나서야 구원받는 기분이 든다.

꽃을 쓰는 직업

저를 울리기도 하고 흔들기도 하는 것은
단지 유약한 것
말이 없는 것뿐이라서,

어떤 밤,
꽃이 진 자리라던가
달빛이 모여있는 자리를 걸으면
다리가 순식간에 휘청거리곤 했습니다.

오늘 산책한 숲속에는
아카시나무 꽃향기가 그득했습니다.
벚꽃 진 이후로 계속 기다렸거든요.

저 많은 향기를 나무는 어찌 참았나 싶었어요.
위로 되었어요.
당분간은 또 희망을 살겠지요.

꽃이 졌다고 슬퍼한다면
아직 피지 못한 꽃들이 서운해합니다.

아직 만나지 못한 꽃들이 더 많은 까닭에
꽃을 쓰는 일을 멈추지 않을 것입니다.

리타의 정원

I

Erinnerung

가만히 흘러가는 하루 치 풍경을 바라보고 있으면
동공은 이 대용량의 끝없는 장면을
어떻게 저장하나 놀랍다.

심장은 이 영화를 어떻게
한평생 제멋대로 재생하나 놀랍고.

마실

생각이 멈춘 곳에서부터 시작되는 길이 있다,
그 길을 무작정 산책하는 것,

아무것도 걸치지 않은 생각, 오지를 거니는 자유,
이름 없는 길가의 사물들을 발견하는 감격,
소속되지 않는 이방인의 춤,

들리지 않는 소리를 들으며
보이지 않는 것들을 보는 풍경,
다시는 찾아갈 수 없는 시제를
조금 더 느리게 걸어주는 것,

영원한 비밀로써 완성되는 숲,
누설되지 않는 자백들,
소문만으로 번창하는,
그런 낯선 대지 위에 발자국을 찍어보는 일.

〈 이, 별의 사각지대 본문 〉

산책

잠 오지 않는 새벽엔 산책을 한다.
밤새 여러 번 나갔다가 들어온다.
그러고 보니 산책은 살아있는 책이라 산책인가.

밤공기 속에 누가 이토록 숨 쉬는 문장을 숨겼나,

숲길

살고 싶은 날에는, 숲으로 간다.
생의 자맥을 들으러 나는 간다,
숲은 자연의 심장이라
걸음을 옮길 때마다 발아래로도 맥박이 뛰었다.

꽃이 지고 나무가 헐벗어도
풀들이 말라 스러져 간다고 해도

나는 바닥의 온기를
계절의 심장 소리를 느낀다.
자연은 한 번도 죽은 적이 없다.

듣는다

가만히 귀 기울이면 많은 것들이 들린다.

새벽 서리에 풀잎 어는 소리가 들리고, 갈 바람에 가지가 몸을 떠는 소리도 들린다. 달이 서서히 차오르는 소리도 들리고, 별빛이 대지에 내려앉는 소리도 듣는다. 패랭이꽃 한 송이가 숲에서 기지개 켜는 소리도 들리고, 그 곁에서 풀벌레 한 마리가 잠드는 소리도 들린다.

저들을 경청하고 있으면, 세상이 이 순간 얼마나 많은 것들을 내게 알려주는가, 여기서 얼마나 많은 것을 배우고 있는가, 나는 늘 세상의 소리를 듣고 깨어나고, 그 소리를 마시며 생장한다.

그저 가만히 앉아 침묵하는 이 시간이 좋다.
이 순간만큼은 나라고 내세울 이유도, 상처 줄 마음도, 상처받을 이유도 없어진다. 모두가 잠든, 고요의 시간, 말라 갈라진 심장에도 틈새를 메우며 점차 차오르는 무언가가 느껴진다. 비로소 살아있는 기분이 들기 시작하는 것이다.

나는 들리지 않음으로 잘 들리는 어떤 것을 듣고 있다. 생명의 소리, 영혼의 소리이다. 이것이 무엇인지 정의 내릴 수는 없지만, 가장 깊이 그리고 멀리 나아가는 소리임은 분명하다. 이것이 막 지쳐가는 오늘의 당신을 살게 했으면 한다. 아마도 고요히 귀 기울인다면, 분명 무언가 잘 들리기 시작할 것이다.

신 새벽

전나무 꼭대기에서 보았지,
오늘이 처음 착륙하는 자세를,
4시 반에는 가장 먼저 아침을 맛본 새들이
환호하는 소리로 가득하다.

나는 시계가 없어도 매일 새벽
그들이 깨우는 소리를 듣고
하루의 시작을 예각 한다.
오늘에 가장 먼저 도착한 새들은
집마다 어둠을 수거하고 용기를 배달한다.

저 조막만한 새들도 저리 우렁차다.
일어나라고, 일어나 기꺼이 살아가라고
잠든 사람들의 귓전을 노크하는데.

나는, 오늘도 살아야야겠지,
저런 자신감 넘치는 목소리를 갖기 위해서는,

―

똑같은 아침을 맞아본 일이 있는가.
똑같은 하늘, 똑같은 태양을, 본 적이 있는가.
어제의 하늘은, 어제의 태양은,
결코 오늘의 그것이 아니다.

삶은 정반대되는 두 가지 요소를 다 포함하고 있다.
삶은 낡았으면서 동시에 새로운 것이다.

〈 카비르 명상시 중에서 〉

뒷모습

평온하게 앉아있는 여인의 뒷모습에도
세계가 있어 자주 최면에 빠지곤 한다.

그녀를 바라본다.
식물이 가만히 줄기를 틀듯
꽃들이 소리 없이 꽃망울을 열듯

평온히 앉아 내면을 확장하는 여인
그 모습 그대로가 너무나 아름답다.

명상

꽃을 따라 앉아 본 날엔
가만히 가만히 나를 비워냈다.

꽃에 가까워진 어떤 날엔
그들의 경전을 받아 적는 일을 한다.

꽃 안에 앉은 날엔
햇볕이, 바람이 수맥을 타고 돌아
발끝까지 팽팽했다.

어떤 날

애기똥풀이 자꾸만 허공을 탄다,
허공을 밟고 올라간다,
거기에 뭐 있나 궁금하여
손가락을 공중에 뻗고 있으면,

햇살이 손등을 탄다,
바람이 기어오른다,

이제, 나도 어떤 기분인지 알 것 같다.

술래잡기

요즘은 휴일마다 강아지와 아무도 없는 숲에서 술래잡기할 때가 제일 행복하다. 아직은 내가 숨고 밤이가 술래만 한다. 지금은 원 없이 놀아주고 싶다.
언젠가 밤이는, 나보다 더 오래 마음속에서 숨어있을 친구이니까. 후회로 남고 싶지 않아서.

강아지가 숲을 헤치다가 땅을 파고 논다.
마른 풀 비비는 소리가 나는 방향으로 어디 있나 비집고 들어가 보면, 빛없는 잡초에도 가을이 꼭꼭 숨어있었다.

가을 속 새소리도 술래잡기하기 좋다.
없는 귀까지 다 열고 온갖 소문을 듣다가, 누가 누가 왔다 가나 가만히 듣고 있다가, 내 언어도 모르는 곳에 숨겨도 좋겠다고 생각했다.

〈 밤이: 우리 집 강아지 이름 〉

내가 사랑하는 것들

곱실곱실한 땅도 털갈이하는 중이라 기침이 나는 계절인가 보다.

밤이도 꼬리를 흔들어 가을 하늘을 간지럽힌다.
가을은 귓불마다 새들이 좋아하는 장신구를 걸고
나 여기 있다고 자꾸만 유혹한다.

열매, 밤, 도토리, 다람쥐, 귀뚜라미,
이런 이름들을 말해보니 가을은 귀여운 이름을 참 좋아하는구나 생각했다.

이곳엔 막 도착한 딱새가 밤이 눈동자를 디디곤 다시 날아올랐다. 여전히 새들을 미행하는 밤이 눈동자 속에는, 높은 하늘 그대로 깊고 넓었다.

나는 그런 것을 좋아하는 사람이다.

마지막 잎새가 매달린 당신의 눈빛 같은 거,
계절을 따라 단풍이 드는 그런 눈빛 같은 거,
그러니까 모든 걸 지그시 품고 있는 달빛 같은 거,
나는 그런 것을 참 좋아하는 사람이다.

모든 계절을 다 앓고 나면

요즘은 볕이 좋아 산책을 오래 한다. 산책을 하다가 벤치에 앉아 수첩을 열어 놓으면, 햇살이 산란하며 백지 위에 한가득 무언가를 쏟아 놓는다.
분명 내가 쓴 것이 아니다.

낙엽은 내 손바닥 위에 자신의 손금을 모두 옮겨놓고 긴긴 잠이 들었다. 바람도 꼭 꼬리를 남기고 떠나간다. 새들이 눈짓을 따라 날아가면, 백지 위로도 무언가가 후드득 떨어졌다.

눈을 감았다 뜨면,
햇볕이 여전히 뺨 위로 흘러내리고,

또 눈을 감았다 뜨면,
저 멀리 가버린 기억의 한 장면이
표정 없는 뒷모습으로 서 있고,

또 눈을 감았다 뜨면,
아직 오지 않은 계절들이 수첩의 다음 장을 넘겨
자꾸만 자신들의 예고편을 들려주는 것이다.

그럴 때면 옷깃을 세운 외투의 단추를 만지며
이 속의 계절의 방은 몇 개나 될까, 생각했다.

그러니까 이 책장의 끝은 어디일까,
마지막 장엔 어떤 풍경이 놓여있을까.
나는 그런 것이 궁금하다.
바쁘게 지나가는 가을처럼,
내 마음도 부지런히 그것을 독해하는 것이다.

매 순간이 마지막인 것처럼, 모든 계절을 다 앓고
나면, 훗날 나는 스스로 잘 살았다, 말할 수 있을까.
다만, 후회 없는 꽃을, 나무를 닮고 싶은데.

당신에게 같이 늙어가자고, 말하고 싶다.

―

오늘도,
하루를 공평히 배당받았으니
감사하다고 했다.
편식하지 않고 맛있게 다 먹겠다고 말했다.

사라지는 꽃, 옆에 살아지는 꽃

이 여름, 고생 많다.
남의 집 좁은 담벼락에서도 참 잘 살아간다. 먼저 시든 꽃 옆에 막 태어난 능소화가 가업을 잇는 중이다.

최선을 다해 피는 일,
불만도, 좌절도 없이.
위로도, 걱정도 없이.

최선을 다해 한 가족이 피고 지는 중이다.
그보다 더 위대한 일은 없다 생각했다.

꼭 그런 사람이 되고 싶고, 그런 사람만 만나고 싶어 나는. 세상에서 가장 대단한 일은, 단지 자신을 사는 것, 가장 사소한 마음을 살고, 그 기쁨을 알고, 또 가장 가까운 사람에게 안정감을 주는 일.
그 사람이 대단한 사람이니까.

―

사소한 것이 가장 위대한 일임을,
목격하며 지냅니다.
요즘 아주 사소하고 소박하게 살아요.
저도 꽃도, 지금 가장 큰 일을 하는 중입니다.

이름 없는 풀꽃들

마을 길섶의 이름 없는 풀꽃들,

내 속내를 털어놓기도 전에
온몸을 흔들며 동의만 하더라,
침묵의 마음,
세상의 가녀린 모든 미물이 내겐 가장 따뜻한 위로.

무경계

하늘에는 그 어떤 경계도 없다,
분별도, 이해도, 욕망도, 기대도, 아무것도 없다,

우리의 마음이 하늘과 같다면
서로가 뒤섞여 같이 유속 할 수 있다면
그렇게 소리 소문도 없이 유유히 떠나간다면,

삶이 조금은 쉬웠을 텐데,

―

이따금 저 멀리 놓인 푸른 산을 관조하듯,
끝없는 하늘, 저 확장된 우주를 넘어가듯,
아주 멀리, 시선과 마음의 눈도 초점을 풀고,
아주 멀리 바라보기도 한다.

주변의 가까운 현상, 빠르고 급조된 화려한
혹은, 정동적인 시야를 놓아두고
저 멀리 시선을 놓아 본다면,
영속적이고 긴 마음을 느끼기도 한다.

나는 변함없이
그런 마음으로 온갖 삶을 다 통과하며 살고 싶었다.

자연으로의 산책은 언제나 벅차다

자연 속에서 평온해지는 이유는, 꽃들은 자신이 꽃인 줄도 모르고 실천하며, 풀들은 풀인 줄도 모르고 생동하며, 나무는 나무인 줄도 모른 채 살아가기 때문이다.

인간은 가장 고등 동물이면서도 가장 고통을 받는 동물에 가깝다. 인간은 매 순간 생각하고, 의미를 부여하고, 타인을 평가하고, 편견 하며, 경계하기에 바쁘다.

아무도 모르게 저마다의 생을 완수해가는 이곳에는 기대도, 기약도, 상처도 찾아볼 수가 없다.
좌절, 관심도, 걱정도 없다.
사념, 철학도 없으며, 고민도 이해도 없다.

다만 존재의 행위만 있을 뿐이다.

오늘 일도 모르고, 내일 일도 모른 채 모두가 그냥 존재하는 숲은 삶 없이도 삶이 잘 살아질 듯하다.

그들은 그 무엇 하나 내세우지 않으며 전체와 조화를 이루어 상생하고, 묵묵히 제 할 일만을 완수할 뿐이다. 그것이 얼마다 위대한 일인지, 얼마나 아름다운 일인지, 우리는 그것이 되어 보지 않고서는 모르는 것이다.

자연으로의 산책은 언제나 벅차다.
보이지 않고도 잘 보이는, 들리지 않고도 잘 들리는, 그 순간의 접경에서 자연은 나를 불러 세우고 제 심장을 열어 보여주는 것이다. 그리하여 곁에서 매번 가슴이 뛰는 것이다.

불립문자. 내게 세상을 가르쳐주는 것은
인간이 아닌, 늘 말 없는 것들이다,
살아서 온전히 자신만을 다 하는 그것들뿐이다.

der Mond
die Sterne
die Erinnerung
die Sehnsucht

und,

계절은 안으로만 쌓인다

II

Leider bin ich ein Mensch,
der viel mehr denkt.

유감스럽게도, 나는 사람으로 태어났으므로.

종교

나는 계절마다, 개종하고, 기도했다.

어떤 날은 꽃을 믿었고, 햇살을 믿었다.
또 어떤 날은 낙엽을 믿었고, 기억을 믿었고,
또 어떤 날은 당신을, 슬픔을 믿기도 했다.

온갖 신들 앞에서 나를 엎드려 놓고
두 손을 모아 이 삶을, 묻고 또 물었다.

어떤 날은 곁을 지키던 새들이
이 언어를 해석해주다 말고,
펑펑 울고, 또 울었다.

Wetterfühligkeit

계절성 기후장애와 당신이라는 증상.

―

꽃의 촉감은 이별을 모르는 당신의 손바닥
사랑이 적혀있는 책의 서문
가을에 흘릴 눈물의 계획
나갈 수 없는 시간의 문고리
문 없는 당신의 뒷모습
새벽 4시의 애인의 귓불

그리고
마르지 않는 빗방울 화석
이제 막 시작되는 계절의 첫 장
고백하지 못한 여인의 입술
고요한 밤의 혓바닥

그러니까, 그것은 나의 가장 여린.

손톱 달

모두가 잠든 이 밤은
붉은 손톱 달이
책상에 오래오래 앉아 있다 갔습니다.

오래전부터 손톱 밑에는
아무도 모르는 당신이 박힌 까닭에,
아프고 아프다고, 그래서
자꾸만 피가 나는 문장을 누설하나 봅니다.

밤의 윤곽

어둠 사이로
서서히 선명해지는 네 안에 모든 게 있어서,

하나의 기대를 꺼내어 놓고,
하나의 절망을 던지며 놓고,
또 하나의 심경을 만지며 놀았다.

모든 게 시시해지면 나는, 나 같은 것도 뒤적거렸지.

그 안에 이토록 전부가 있어 빛나나 보다.
하나의 심장 같아,
너는 이 밤의 윤곽을 꼭 쥐고 있구나.

이 밤 아래 모두는

별은 슬픔을 엿보는 기억의 눈이랬지.
관음증 환자처럼,

기억은 종교랬지.
자꾸만 기대고 싶으니까,

우리는 자신의 몸 안에서 길을 잃었고,
걷고 걸었다. 몽유병 환자처럼,

모든 육신은 상처랬지.

이 밤 아래 모두는,
서로가 모르는 그믐달 자세로 잠이 들겠지.

뒷모습이 자꾸만 많아지는 밤에는
엎드려 잠들어야 했다.

이상한 계절

잎새는 부치지 못한 편지처럼 나부끼다 떨어졌다.

그 낙하의 순간은 긴 긴 일생과 같아서,
당신과 들어가 살다 나와도 좋은 것,

그러나 가장자리를 배회하다 홀로 걸어 나오면,
가장 허무한 소리를 내며 바스라 지는 것,

여전히 이곳은 이상한 계절이다.

하나의 낙엽이 바스라 질 때마다 당신은
여기 없는 그 계절 속에서
연유도 모른 채 울고 싶어지지.

낙엽을 밟으며 걸었다.

Ritas Garten

어디가 현실인지 꿈인지는 잊어도 좋다.
시력이 좋은 내면은 늘 새소리 하나도 선명해서,
어떤 날엔 당신과 내가,
그 소리를 들으며 함께 걷기도 했다.

여전히 이곳은 오늘의 햇살을 배당받고, 꽃들을 부풀리는 중이다. 나는 밤마다 분주한 여인이 되어 피지 못한 꽃들을 점검하고, 곧 마당에는 의자 하나를 내놓을 것이다.
그러면 떠나간 당신이 올 차례이다.

계절 안에는
꼭 계절이 살만한 공간을 마련해 두어야 했다.
내 안에도 누군가 들어설 자리 하나쯤은 비워놓는다.

당신이 아니면 바람이겠지, 노래겠지.
그것도 아니면 피어나는 꽃 한 송이겠지.

섬진강

불을 끄고 누워 눈을 감으면 이 바닥 아래로도
강물 흐르는 소리가 범람하곤 했다.
오늘 마지막으로 지나가는 물소리이다.

한 번씩 기별 없이 방문하던 손님처럼
이 강가에는 밤새 흐르던 기다림이 있어서,
그 소리를 들으며 잠이 들면
꿈에 당신을 태우고 올 거라 믿었다.

어떤 정원

1.
사랑이라 쓰고 그것을 바라본다.
그 단어가 더는 울지 않을 때까지만
당신을 사랑하겠지, 생각했다.

2.
매일 밤, 어둠은 거대하게 창궐한다.

3.
어떤 정원은 그리움이 우세해서,
시간의 세력도, 계절의 침범도, 소용없다.

환절기

그것을 가만히 손 위에 올려본다. 떨어진 꽃잎에도 숨이 붙어 있었다.

아플 때면 그는 이마를 짚거나 손목의 진맥을 짚곤 했다. 그때마다 나는 어떤 마음을 들킬까 봐 숨을 꾹 참기도 했는데, 맥을 짚는다는 건 무슨 의미일까, 그건 사랑한다는 말일까, 침묵 속에서 가만히 뛰고 있는 그런 느낌이 참 좋았다.

떨어진 꽃잎을 바라보며 서서히 죽어가는 느낌은 어떤 걸까, 고요히 누워 있으면 조금씩 뛰는 이 맥박의 느낌은 분명 사랑을 닮았는데, 우리는 이제 우리가 아닌 채로 잠이 들겠지만, 늙어버린 심장에는 들리지 않는 소리가 더 잘 들리기 시작할 것이다.

나는 환절기마다 당신을 앓았다.

그러니까 꽃 떨어지는 소리가
너무나도 크게 들리던 계절마다.

그런 사람들

그는 말이 없는 사람이다. 말을 늘 남기는 사람, 말을 남긴 채 영영 사라진 사람이다. 그리하여 나는 말의 끝이 궁금한 사람. 이제부터 당신의 말들을 이어서 해야 한다. 온점 뒤는 늘 나의 몫이라, 그것을 어떻게 돌볼까. 나는 그런 것을 염려하며 잠드는 사람이다.

어젯밤 꿈속에선 당신이 왔었어, 우리의 입술은 말하기도 전에 완성되고, 당신이 가만히 머리를 쓰다듬어주면, 나는 다 아는 듯 고개를 끄덕이곤 했는데, 당신의 손길이 닿을 때마다 얼굴이 사라지는 기분이 들기도 했는데, 목소리는 어디 있는 걸까, 남은 말의 촉감을 떠올리다 깨어나면 나는, 꿈의 끝이 궁금했다.

이제는 당신의 얼굴을 대신 살아야 한다. 표정은 늘 나의 몫이라 그것이 어떻게 우는지, 나는 그런 것을 달래다 잠이 드는 사람.

어쩌면 우리는 사라지는 것만으로, 살아가는 사람들, 매일 밤 잃어버린 말들을 찾다가, 기껏 심장을 치며 살아가야 하는 사람들이다.

서랍을 열어보다가

서랍을 열 때보다 열기 전의 각오 같은 것, 장문의 편지보다는 꾹꾹 눌러 쓰던 용기 같은 것, 사진들보다는 남기고 싶었던 간절함 같은 것, 서로가 돌아선 순간보다는 돌아서기까지의 섭섭함이, 서랍 속에는 너무 많은 마음이 한꺼번에 터져 나오던 것이다.
울었던 마음보다는 울음을 참았던 시간이, 누수처럼 계속 나오는 것이다. 그리하여

서랍을 닫는 것보다는 닫을 수밖에 없는 심정이, 닫고 나서는 먹먹 할 수밖에 없는 심장이, 서랍장을 닫은 후에 살아갈 앞으로의 시간이, 한 번씩 꿀렁거리며 누군가 열어주기를 기다리고 있는 것이다.
그런 것들이 자꾸 한 편에서 손잡이를 내어주고 있는 것이다.

아직도 쓴다

한때는 우리, 라는 인칭 안에서 쓸모를 다했던 말들이 서서히 죽어가는 장면을 봐. 이제 의미를 상실한 마음이 귀신처럼 여백을 배회한다.

백지 위에서 뚝뚝 부러지는 연필심처럼, 자꾸만 무릎 꿇는 독백을 끌어안고 울 때, 우리가 함께 지었던 이 폐허에 어떤 기둥을 세워야 나는 무너져 내리지 않을까 상심에 빠질 때,

살아서 팔딱이는 당신, 이라는 단어를
밟아 죽일 수도 없을 때,
이러지도 저러지도 못하는 채로,
떠나지도 머물지도 못한 채로 그렇게 늙어갈 때,

어째서 당신은 이토록 살아남는가,
아직도 쓴다.

백시를 걸었다

1.
너는 네팔 지도를 펼쳐 들고 오른쪽 끝과 왼쪽 끝을 가리키며 여기서부터 여기까지 횡단하자고 말하며 웃었다. 칸첸중가, 촐라체, 무스탕 같은 지명을 들으면, 심장이 세차게 뛰곤 했지. 그런 방식으로 어떤 기억의 귀퉁이를 쭉 찢으면 캠퍼스 바깥까지 히말라야산맥이 펼쳐졌다.

2.
당신이 떠난 날 나는 포카라에 머물렀다. 아니 오래 기다렸다. 세상에서 가장 높은 산 들은, 밤이 내리면 페와호수의 가슴팍에 안겨 곤히 잠들었다. 그 호수는 물결도 없는 깊은 심장이어서, 우리 같은 인간의 시간은 영영 깨어나지 못했다.

3.
이 영혼 이제 어디에 잠들어 있나. 지명도, 사랑도, 기억도, 살아서는 나올 수 없는 불가능을 본다.

당신은 진짜로 산으로 갔을까?
영영 산이 되어버렸을까.

바람이 부르고 산이 부를 때가 있다.
문득 살고 싶을 때가 있다.
그럴 때면 당신을 떠올렸다.

나는 백시白視 속으로 파고드는 이 행위가
어쩌면 당신이 산으로 영영 사라진
심정과 같은 것이라 생각했다.

그때마다 계속해서 활자를 걸었다.
설산과 백지가 참으로 닮았다, 생각했다.
당신과 내가 참으로 닮았다, 생각했다.

이 삶은, 이 그림의 제목은

그는 그림을 그렸다. 그는 화폭에 설산 하나를 완성한 후, 뒤를 한 번 돌아보곤 내게, 어때? 라고 말하는 것이다. 물어보며 동시에 그 그림 속을 터벅터벅 걸어 들어가는 것이다. 그게 마지막 인사였다.

나는 아직까지 그 그림을 바라보며 당신을 기다리는 관객이다. 하얗게 바래가는 당신의 뒷모습을 떠올렸다 메아리를 외치면, 안부는 내 안에 되돌아와 가슴을 세차게 때렸다. 너무나도 단단한 그림이었다.

이제 이곳에 남은 마음은 당신의 바깥에서 세상을 꾸려간다. 그림의 배경처럼, 숙주처럼, 단단하게 앉은 등의 자세로. 마치 나도 산이 될 것 같아, 어쩌면 나의 등이 이 그림을 완성하는 중인지도 모른다 생각했다.
그렇게 생각하면 살 만했다.

당신을 그리는 일은

당신을 그리는 일은, 또 한 세계를 창조하는 일.
아무도 모르는 객지에서 한 백 년쯤 살아보는 일.

이 슬픔의 지형을 이토록 아늑해서
이따금씩 눌러살고 싶은 일.

그런 나라를 수십 개쯤은 혼자서 알아서
다 돌아누워 보고 나면 흰머리가 자라겠다.

나 그때는
잘 살았다 유언할 수 있겠다.

심장의 맛

시골에서 감 농사짓던 시절이었다.
나는 가진 게 없어서, 기껏해야 네게 감을 따 보냈던
것인데, 돌아오지 않는 건 답장뿐이 아니었다.

소식을 잃은 후로 수년간 감은 쳐다보지도 않았지,
이제는 제법 잘 지내고 있단다.
오늘 산책길엔 어느 집 담장 밖으로 농익은 감이 툭,
떨어지는 것이다.

뭐지, 쿵. 하는 그것은.
나는 그 순간, 심장이 떨어진 줄 알았어.
가끔은 참 이상한 안부 같아, 그것을 주워 한 입
베어 물으면 함께 울던 가을이 목젖까지 홍건했다.

골목에 기대어 우리를 기억하려고 했다.
이것을 뭐라고 불러야 할까,
심장의 맛 같은 이것을.

장례

가을이 지나간 자리,
끌개로 잎새를 그러모아 놓는다.
밟으면 발목이 푹푹 잠기곤 하는
건초더미는 더 이상 오를 수 없는 태산 같더라.

이럴 때 꼭 노인들을 불을 놓는다지
나이가 들수록 태울 것이 많아진다는 것,
불쏘시개를 놓고는 한때 젖었던 것들이
연기를 내뿜으며 요란하게 타오르다
사그라지는 과정을 바라보고 있었다.

이제 손바닥 위에는 한 줌의 재가,
그러나 아직도 인중이며 미간에는
지나간 이름들이 검게 묻어 있었다.
,
곧 겨울이다.
장례를 치렀으면 다시 살아야 하는 계절이다.

―

만나는 사람마다 앉혀두고
온갖 마음 다 고백했으니
떠나간 너거들도
자신도 모르는
또 하나의 심장을 가지고 살겠네.

나는 여기저기 그렇게
당신들의 풍경 속에 오래오래 살겠네.

야, 그것만으로, 정말 부자라 말해도 좋겠다.

소식

원당 시장의 단골 꽃 가게에는
몸집이 작은 할머니가 있다.
꽃을 살 때마다 그녀는 내 등을 토닥였다.
화분을 봉지에 담으며 그녀는 속삭이곤 했다.

이놈은 말요, 가끔 생각날 때마다
소주 컵 딱 한 잔씩만
소식을 전해주소.

떠나간 누군가를 멀리 보내본 사람의 언어이다.
나는 간간이 물을 줄 때마다 그리운 것들이 떠올랐다.
그 꽃가게를 알고 난 이후부터 왠지 마음이 경건해져서
화분에 물을 주는 행위가 신성한 어떤 기도와 같아서.

간혹 그리운 것들이 떠오를 때면
꼭 화분 앞에 가 있더라.
오늘도 꽃 앞에 앉아, 멀어져 간 것들에
소식을 전하듯 물잔을 기울인다.

바다로 태어날 걸 그랬어

달빛이 바다의 수면을 끝없이 찰싹인다.
밤일까, 파도일까, 심장일까.
나는 자꾸만 일렁거리고.
오늘처럼 내가 좋아하는 것들만으로 하루를 가득
채운다면 가령, 너, 달빛, 바다, 같은 것.

누가 이 풍경을 건져 올리지 않았으면, 하고 기도했지.
새벽은 이 적막의 한가운데 깊이 그물을 드리울 테야,
나는 네 손을 잡고 남겠다고 안간힘을 쓸 거야.

우리가 걷던 바다 사진을 본다,

누가 우리를 건져 올렸나.
밤인지, 파도인지, 심장인지, 아직도 이 안에 출렁거리
는데, 없어진 건 왜 그날의 우리인가.

바다로 태어날 걸 그랬어,
차라리 파도로, 달빛 같은 거로,

—

당신, 을 적고는
그것이 얼마나 당신을 닮지 않았는지 아는데
많은 시간이 필요하진 않았다.

그럼에도 당신은,
이토록, 내 안, 어디에선가
끝까지 살아남는 사람이다.

낙엽을 피해 걸었다

한때는 단단했던 마음들이
하나둘씩 낙하하는 계절이다.

잎이 떨어진다.
헤어진 날, 홀로 웅크리고 잠이 든 연인들처럼
더 뱉은 눈물도 없는 눈꺼풀처럼
온기 없이 늙어버린 노파의 손등처럼
구겨진 심장처럼 누워서 그렇게.

건들면 중심에서부터 바스러질 거야.

오늘, 나는 낙엽을 피해 걸어야 했다.

다 보낸다

다 보낸다.
속에 것 다 나가라고
박박 떠밀어 웃으며 배웅했다.

등 떠밀고 가기 싫다는 것들도 다 내치고
소식도 전하지 말라고, 외치고
뒤돌아 앉아서는

아무도 남지 않는 흰 종이에다가
진짜 갔냐고,
어디로 갔냐고,
적는 일과를 보낸다.

최초의 눈빛

눈빛을 생각한다. 서서히 차올라 서로를 바라보던 최초의 눈빛을. 서로의 검은 가슴 속에서 새벽을 막 깨운 최초의 우주를.

눈빛이 눈빛에 착지하기까지 우리는 얼마나 오랜 안개 속에 갇혀 있었나. 우리는 서로의 조각을 꺼내어 놓았지, 단서를 찾으며 서로의 모국어를 해독했다. 눈동자의 오차와 수명에 대해, 지질과 종말에 대해.

그러나 아무도 공전하는 눈빛을 멈출 수는 없다. 당신이 최후의 눈빛을 긋고 추락했던 밤. 그러니까 단 한 줄의 꼬리로 서로의 이름을 긋고 사라졌던, 그날 이후로 이제 우리는 오랜 암흑기를 통과하는 중이다.

동공을 잃어버린 자들은 오래오래 달이 떠오르지 않는 시간을 살 것이다. 눈빛을 놓친 자들은 이제 맹인이 되어 등 뒤의 별들을 모두 거슬러 올라가야 한다.

불가능한 거리

당신이 다시금 까마득한 밤의 안갯속으로 걸어 들어가려 한다면, 나는 내 등 뒤의 지난 바람을 거슬러 오르고, 당신이 살아왔던 모든 계절과 아픔과 고독을 모두 통과해야 한다. 당신의 생에 닿기도 전에 오랜 방황으로 하여금 무릎이 닳아 주저앉아 망연자실 바라볼 수밖에 없음을, 그럼에도 불구하고 당신을 사랑하기 위해 나는, 이 모든 숱한 어둠을 살아내고 세기를 통과하여 당신에 가는 길,

사랑은, 이렇게 당신을 다 살아보는 일,
당신을 살아보지 않고서는,
감히 당신을 입 밖으로 내뱉을 수 없으므로

,

살아서 당신을 온전히 껴안는다는 건
얼마나 불가능한 거리란 말인가.

그런 것

달빛은 달빛이고 공터는 공터였다.
기다려도 오지 않는 것들은
기다려도 오지 않는 것이고
뒷모습은 뒷모습이다.
그리하여 기다리는 사람은
늘 기다리는 사람으로 남아야 하는 것.

특기

그러니까 나는 잘한다.
말하기보다는 침묵하는 일을,
당신을 바라보기보다는
눈을 감아버리는 것을,
그리하여 눈을 감으면 나타나는 당신의 얼굴을
자꾸만 받아 적는,
나는 그런 것을 잘한다.

당신과 함께 웃기보다 나는,
몰래 우는 일을,
손을 내밀기보다는
내 두 손을 꽉 잡고 기도하는 것을,
달려가 포옹하기보다는
뒷모습을 계속 만드는 일을,

나는 그런 것을, 참 잘하는 사람이다.

Die Kraft meiner Tränen,

울고 싶은 밤이면 꽃잎을 닦았다.

Ⅲ

—

슬픔의 속성은
내가 지닌 것 중에서
가장 유연하고 넉살이 좋아
어디서든 오지랖을 부린다.

눈물은 나의 힘

눈물은 내가 지닌 가장 맑은 호수,
내면을 여는 손잡이.
선명한 풍경을 보여주는 창문,
나를 가장 나로서 담아내는 거울.
가장 멀리 소요하는 영혼,
가장 강한 힘을 지닌 정신,
그러니까
눈물은, 나의 가장 가까운 친구.

눈물의 힘을 믿는다.

―

눈물은
울었습니다
최선을 다해서

오늘의 주인공은
눈물이라서

나는
최선을 다해
침묵, 했습니다.

〈 구겨진 편지는 고백하지 않는다 〉

왜 우리는

슬픔은 무슨 잘못인데
슬퍼하지 말라고 말하고

아픔은 또 무슨 죄가 있어
아파하지 말라고 할까요.

새들도 울고,
풀벌레도 울고,
개구리도 최선을 다해 우는 밤입니다.

울음은
가장 자연스러운 존재의 방식이니까.

자신 있게
제 몸을, 능가해서
울어도 되는 밤입니다.

출렁

눈물이 흐르는 날은 많다. 눈물이 흐를 때는 울고 싶은 말들과 함께 나도 왈칵 쏟아져 내리고 싶다.

우리는 울지 못한 울음이 몸 안에 가득해, 사람은 그래서 눈물을 닮았구나. 걸어가는 사람들을 보면서 섞일 수 없는 눈물이 이 거리를 범람하는구나, 생각했다.

출렁거리는 것은 눈물뿐이 아니다. 어떤 슬픔은 내 안에 차오르다 넘칠까 싶어 발끝에 힘주고 서 있다가, 이 어깨를 스치는 낯선 이에게 자칫, 다 쏟아버릴 뻔했다.

규칙

울고 싶은 날엔
숲으로 갈 것,

숲속에 가선 반드시

펑펑 울 것,
펑펑 울 것,

그리고

반드시 뒷짐 지고
웃으며 내려올 것,

이건 숲의 규칙이다.

눈물이 흐르면 반드시 꽃들은 등지고 울었다.
살겠다고 작은 저것들도 곱게 피어있는데,

이건 나의 규칙이다.

위로

사방에는 키가 큰 나무들이 어깨동무하며 서 있다.
필경 상처를 보호하는 자세이다.

너희가 뭔데, 나를 이렇게 위로하냐
싶다가도 그렇게 든든할 수 없어서,
숲에 가서야 맘 놓고 울 수 있는 것이다.

wie eine Blüme

Versprechen,

Ich vertraue in jedem Augenblick auf mich
selbst und ich liebe mich selbst,

wie eine Blüme,

,

Bitte zeig mir,
wie ich mich mir hingeben kann,
damit ich mich mit meinem Geist füllen kann.

다 있더라

오늘은 좀 울어보겠다고, 울겠다고
창도 닫고, 커튼도 닫고, 불도 끄고, 웅크려 있다가

살만해지면 창도 열고, 커튼도 열고, 불도 켜고
고개를 들면

초승달 하나가 절반쯤 창틈에 걸쳐 앉아
나 여기 계속 있었다고
보란 듯 내부를 비추는 것이다.

이따금 정신 나간 나 빼고는 다 거기 있더라,
꽃도, 나무도, 별도, 달도,

마음도 열고, 심장도 열고, 눈도 열고 살라고
자꾸만 고백하더라.

밤의 이름으로

달의 수챗구멍 사이로 소음과 경적과 울음과 관음과 신음, 어지러운 것들이 빨려 들어간다. 나는 따뜻한 밤에 속해서야 점차 녹아드는 기분이 들었다.

동그란 것들이 점차 환해지는 시간이 왔다. 나는 동그랗게 앉아 가만히 어둠이 나를 지우는 그 느낌을 마주한다. 동그랗고 보드랍게 서서히 번지는 것은 달빛뿐만이 아니다,

존재감을 느낀다,
그다음 설렘 같은 것을 떠올린다,
나는 이제 밤의 이름으로 완성되는 시간이다.

살아있다

지쳐서 집에 들어오면 사건은 사라지고 없고, 살아있다, 는 느낌만 남는다. 오늘의 일들을 떠올리다 보면 나는 다만 웅크렸다 피는 하나의 동작으로 남는 사람이 된다. 살아있다.

창밖을 바라보고 있으면 창문이 내 눈동자 같다, 고 생각한다. 그렇게 생각하다 보면 창문이 나를 바라보는 것 같다는 생각도 든다. 그러다 보면 어쩌면 이 삶은 송두리째 거대한 악몽 속에 갇힌 느낌이 든다. 추운 밤이었고 추운 방이었다.

창밖으로 아무것도 보이지 않는 어둠이 내렸다. 나는 살아있다. 얼굴도 모르고 통성명도 하지 않은 밤 벌레 소리가 가만가만 나를 다독이고 있으면 오늘 만난 인간들보다 저들이 더 인자하다. 생각한다.

오늘 밤 밤이는 내 곁에 가까이 누웠다. 슬픔에도 냄새가 나는 모양이다. 가만히 눈을 감고 더럽혀진 마음을 계속 핥아주고 있다. 불안한 손금도 계속 핥아준다. 그럴 때면 밤이는 평생 만난 인간들보다 더 인간 같다. 는 생각을 한다. 내가 밤이를 살리는 줄 알았는데 밤이가 나를 살리고 있구나. 하는 생각도 든다. 나는 아직 살아 있다.

―

온갖 감정에 휩싸인 하루였다.
불을 끄고 침상에 누워 눈을 감는다. 이제
지구의 종말은 내 눈꺼풀 하나에 달렸다.

울고 싶은 밤이면 꽃잎을 닦는다

울고 싶은 밤이면 어김없이 꽃잎을 닦았다.
식물의 온도만이 심장을 녹일 수 있으므로,

어떤 밤에는
누군가가 나를 모종처럼 화분에 심어줬으면 좋겠다,
는 일기를 쓰고 잠이 든다.

꿈속에서도 나는 금세 무성해지지.

그런 밤

이 거대한 고요를
내가 다 가져도 되는 걸까 싶은 밤,
무얼 더 내줘야 하는지 의심할 필요도 없이
다 가져도 좋다고 하는, 그런 밤,

바람도 선선하고, 달빛은 명료하고
숨죽인 온갖 것들은 꼭 심장박동 소리를 내더라.

마치 아프지 말라고 다독이는
이 밤은, 가만히 어깨를 내어주는 애인 같다.

다행이다

생채기가 깊이 패어 집에 들어온 날 밤에도
달이 아름답게 빛났다.
빛이 났다. 밤이의 눈동자처럼,
그렁그렁한 것을 볼 때는 이상하게 웃음이 난다.
웃을 힘이 남아 있어 다행이다, 생각했다.

남은 힘을 모아 잠이 들 차례이다.

―

푹 자고 일어난 것 같다.
나는 오늘도 사람으로 태어났다.

밤이

강아지와 길을 걷다 보면
저 조그마한 밤이의 몸짓에도
사람들이 절로 미소를 짓곤 하는 것인데,

오늘 하루 웃어보고 웃겨보려 애썼던 내가
강아지만도 못한 날이었다.

슬픔의 능력

네, 저는 청승의 힘으로 삽니다.
아직 남아있는 수분이 있는 것만으로도
제법 벅차고 다행이란 생각도 듭니다.

이 무미건조한 세상 속에서,
이 몸 하나쯤은
온통 젖은 채로 살아볼 작정입니다.

저는, 슬픔의 능력을 믿습니다.

잡초

잡초를 밟으면 온몸이 아팠다. 본성은 바닥 중에서도 제일 아래 있는 바닥이어서, 왜 나는 사람들에게도 바닥을 내어주는지, 한없이 낮추다 보면 사람들도 나를 바닥으로 아는지, 바닥 취급을 해도 천성이 바닥이라 아닌 척할 수도 없어서, 밟혀 들어오는 날에는 왜 나는 바닥을 벗어날 수 없을까, 잡초와 나는 어떤 피를 나눈 건가, 생각했다. 그러나 태생이 잡초여서 밟힐수록 더더욱 살려고 드는 것, 그런 이유로 서로는 알아보는 것이다.

잡초는 내가 밟지 않는 유일한 풀이다.

혁명

9월의 옷깃을 붙잡고 매미는 우악스럽게 혁명했습니다. 무엇을 위한 울음인가 궁금하여 저는 새벽마다 동참하여 나무 기둥을 붙잡고 같이 울어도 보았습니다. 세상은 참으로 더웠지요. 용맹한 열사들은 개벽이라도 할 것 같았는데, 이곳을 점령한 그 많던 의지는 어디 갔나요. 그 꿈들은 어디로 다 추락했나요. 구월의 마지막 몸짓이 세차게 펄럭이면 뚝뚝 떨어져 스스로 무덤이 되어 버린 매미 소리가 바닥에 거대한 화석을 이룹니다. 목숨을 다한 존재들의 사체를 피하고 피해 걸으면 가까스로 가을에 당도합니다. 우리는 흩어졌고 또 혼자 남겨졌지요. 더 매달려 외쳐볼 목소리도, 더 매달려 흔들어볼 녹음도 사라지자 서서히 자신감을 잃어가는 이런 날, 저는 소심하여 매미처럼 용맹하게 울지는 못하지만, 태생이 가늘고 긴 삶이어서 어떤 방식으로 이 울음을 이어갈까 고민해 보는 것입니다.

지금 여기 내 삶을 밟고 선 몇몇 장면들에게
살려달라고 말하고 있습니다.

저 홀로

좀 전 산책길에 큰 나무에서 울던 매미가 발치에 뚝 떨어졌다. 발버둥을 한참 바라보다 들어왔는데, 아는 체할 수도 슬퍼할 수도 없었다. 세상에 속한 모든 살아있는 것들은 꼭 이런 방식으로 사라지는데.
태초에 우리는 어떤 언어를 물려받았길래 이토록 울어야 했을까, 우리는 또 어떤 몸짓을 물려받았길래 이토록 발버둥 쳤을까. 저 홀로, 그래, 저 홀로,

왜 우리는 저 홀로 사라져야 할까.

의지

이 삶의 끝에 다다랐을 때, 분명 나는 아무것도 아니었으며, 아무것도 찾지 못했으며, 아무것도 깨닫지 못했으며, 삶의 목적도, 의미도 결국 없었으며, 단지 나는, 아무것도 알 수 없는 채로 무한히 반복적으로 발버둥 치는 하나의 몸짓이었다. 는 진실만을 알고 사라질 것이다. 나, 라고 할 것도, 자부할 만한 것도, 안다고 내세울 것도, 아무것도 없더라.

다만 의미를 찾고 싶은 거야. 이 길고 지난한 생을 살아남기 위해선, 이 존재를 증명하기 위한 원초적 본능으로써, 단지 태어났으므로 부여받은 생의 의지로써, 알 수 없는 채로 손을 뻗어 벽을 타오르고 있는 칡덩굴처럼, 매미처럼, 눈앞의 허상과 끄나풀이라도 잡아야 조금씩 버텨내지는 거니까.

무덤

단 한 평만 있으면 된다 생각했다.

이 나무 아래, 그늘을 찾아 전쟁터에서 막 도망 나오던 참 이었다. 피곤한 몸 하나 살아서 음지에 누워있었다. 기대어 누워 이제 막 가버린 시간이 나를 어떻게 이렇게 슬프게 했을까를 생각했다. 이 한 평만 있으면 된다 생각하면서, 오늘도 묻을 것이 많다고 생각하면서, 그러니까 묻고 또 묻으며 나는 매일 죽어가는 연습을 하는지도 모른다 생각했다.
웅크려 있으니 오늘도 내 몸이 무덤이구나 생각했다.

드라이 플라워

나는 내 몸짓의 완성이 궁금하다.

거울을 본다. 어쩌면 인간은 하나의 완성을 위해 여러 동작을 연구하는 중인지도 모른다 생각했다. 식물은 계절마다 정확한 태도, 피어나는 절정이 있겠지만 나의 절정은 무엇일까 생각한다.

당신, 그리고 상실 그다음 무릎을 꿇었고.
햇살 눈물 이런 것 다음에도 무릎을 꿇었지만.

이제는 다음 계절을 생각한다. 다음 계절에는 어떤 포즈를 취할 것인가, 이런 것들을 연구해야 한다. 나는 이제 마음에 드는 딱 한순간 그대로 말라버렸으면 좋겠다고 생각한다.

팔자

길을 걷다가 펑펑 우는 아이를 본다. 그 아이의 엄마는 진땀을 흘리며 계속 아이를 나무랐다. 나는 그 아이의 울음을 잘 안다. 그 아이는 분명 어미의 생애까지 우는 중이다.

표정

너는 내게 표정이 없다고 말한다. 나는 살면서 내 얼굴을 본 적 없다. 거울 속에는 여자가 있었다.
나는 거울을 믿지 않는다. 분명 나는 표정이 있는데.
이 생각은 울고 싶은 표정이지만 생각해보면 질문하는 네 앞에서는 반드시 웃고 있는 표정을 지어 보려고 노력한다.

너는 내가 매 순간 얼굴 안쪽으로 얼마나 많은 표정을 짓고 있는지 모른다.

그해 겨울

신월리 중앙 슈퍼에는 햄버거도 팔지 않고 담배도 팔지 않는다. 사랑도 팔지 않고 추억도 팔지 않는다. 배가 고프면 장장 2시간을 걸어 읍내를 다녀와야 했다. 길가엔 탱자나무 담장 안으로 발이 시린 닭들도 동동 뛰었다. 슈퍼에는 치킨도 팔지 않고 맥주도 팔지 않는다. 온기도 팔지 않고 취기도 팔지 않는다. 계족산 흰 산자락 쭉 찢어 질겅질겅 씹으면 이가 시렸다. 손끝도 시렸고 눈 끝도 시렸다. 그럴 때마다 주머니 속 달빛을 꺼내어 호빵처럼 후후 불면 뜨거운 김이 당신처럼 번졌다. 이 밤은 언제나 달더라. 목이 메어 울컥울컥 우는 것들은 사람뿐 아니더라. 논두렁 개구리들도 나와 한패라, 한 걸음 한 걸음 대신 울어주더라. 걷고 걸었다. 그곳엔 어딜 기웃거려도 사랑도 팔지 않고 고향도 팔지 않는다. 나는 장장 2시간을 걸어 읍내에 갔다. 도착하면 왠지 배가 불렀다.

생계

대대손손 잘 먹고 잘사는 꽃들이 많아서
어떤 이끼는 계절 하나도 펼쳐보지 못해 서러웠다.
어떤 계절엔 참으로 서러웠다.

—

밥을 잘 먹어야 합니다.

잘 넘어지기 위해서도
잘 울기 위해서도.

서걱거린다

눈을 밟으면 서걱서걱 소리가 난다. 마치 사랑 없는 사랑이 사랑 찾는 소리 같아. 이를테면 페이지를 넘기고 앉아 쓰이지 않는 공백을 내려다보면, 눈이 멀고 발이 푹푹 빠지는 그런 소리, 하얀 이를 드러내며 슬픔이 침묵을 베어먹는 소리, 그건 불행한 자서전의 마지막 장을 만지는 느낌, 하나의 기억 속에 서서, 내가 내 생을 갉아먹고 있다. 1초 2초 3초 ….
삭제되는 소리를 듣는다.

어떤 날은 눈빛이 눈빛을 바꾸는 소리가 났다. 남몰래 발걸음을 옮기다 들킨 도둑이 마음을 떨어뜨리는 소리, 뒤이어 다음 계절에 당신이 방문하는 소리, 그다음 계절엔 당신이 뒷모습을 보이며 떠나는 소리도 들렸다. 도망을 친 건 나였어, 뒤로, 뒤로 뒷걸음치면 허겁지겁 따라 오는 그림자가 바닥에 긁히는 소리. 이런 문장을 쓰다 말고 나는 노트 위에 연필을 깎는다.
내가 베이는 소리를 듣는다.

그러나 아직은 늦가을이라서, 마른 들풀들이 마지막으로 살 비비는 소리가 들린다. 살 비비는 소리는 참 좋지, 사랑 없는 사랑이 사랑 찾는 소리 같아서. 이 소리의 끝이 궁금하다. 페이지를 넘기면 눈이 내린다. 이제 눈이 멀고 발이 푹푹 빠질 차례다.

존재해

아프다 말고
숨지도 말고
이 세상 속에 나와서
이 중심에서
당신의
우주를
조용히 증명해

어떤 별은
어두워 눈에 보이지 않아
그런데
누군가는
그 빛에도 심장이 뛰어
그러니까 그냥
그대로 아프다 말고,
숨지도 말고
여기에 이렇게
아름답게 존재해.

―

어떤 도심에선 한 줄기의 빛도 허용되지 않는다.

나의 위대한 태양신은
이곳에서 기껏해야 빨래 말리는 일만 하고 있다.

―

햇볕은 이토록 가난한 내 눈물에도
포기하지 않고 오래 매달려 있더라,

어떤 볕 좋은 날은 살고 싶더라,

꽃밭

아픈 자리엔 꼭 꽃이 피더라.

요즘은 평형감각을 잃어 정강이를 자주 부딪친다.
통증이 스친 자리엔 보랏빛 멍이 꽃처럼 피었다.

살갗도 요즘은 재생이 더디어
꽃들이 오래오래 남아 있더라.
점점 꽃들이 많아져서
치마도 못 입겠다.

그래도 이 몸은 이제 꽃밭인가 보네, 생각했다.

꽃을

꽃들은 상처를 피하지 않는다.
피하지 않고 누군가의 손길이 닿은 자리마다
온몸으로 참혹을 드러낸다.

꽃들은 질문에 대답하지 않는다.
그들은 찢긴 자리를 당당히 내밀어
제 상처를 낱낱이 보여준다.

이보다 용기 있는 혁명가는 본 적 없어서
나는 그 앞에서 또 무릎을 꿇을 뻔했다.

인간은 꽃을 능가할 수 없다.

숲

잦은 바람에도 쉬이 부서지기 좋은 이 몸은,
패랭이꽃처럼 작고 야위었지만
내 안에 살기 좋은 집 한 채 있어서
당신은 오래오래 머물다 갔으면 했다.

비밀인데
꽃 안에는 꽃이 있데, 꽃이
세상에 없는 모든 꽃이
만개한 어떤 계절이 산대,

때때로
삶을 꼭 붙잡고 있던 마음을 놓고 싶을 때
그 놓고 싶은 마음마저 모두 놓고 싶을 때
우리는 숲을 이루겠다.
그래서 꽃들은 자꾸만 톡 톡 피어나나 보다.

사는 일이 어쩌면
저렇게 눈물겨운 숲이구나 생각했다.

숲이 되는 일이라면

하나의 숲이 우거지기까지
풀들은 얼마나 오랜 어둠이었는지 모른다.
단지 흙이었던 그들이 이제 이 계절을 빛내니,

나도
최선을 다해 살아야겠지,
숲이 되는 일이라면,

.

여전히 나는
여기에 없는 계절을 기다린다.
살아본 적 없는 마음을
그것이 서로를 살게 한다면 이 암흑도 좋다.

우리가 숲이 되는 일이라면,

〈 *구겨진 편지는 고백하지 않는다 본문* 〉

나무

햇볕은 쭉 뻗은 발목을 적시곤 했는데요. 그것을 머리끝까지 받아 마시면 취기가 돌아 아찔하기도 했습니다. 혈관에 타고 도는 시간 하나가 빼꼼히 꽃잎을 열려고 시도하는 겁니다. 남은 꽃들은 바닥에 와서야 뿌리를 더 깊어지게 하곤 했습니다. 매일 밤 사람들은 이 곁에 앉아 기도하며 씨앗을 나눠 가졌습니다. 풀벌레들도 꼭 여기 와서야 마지막 울음과 함께 추락했습니다. 소문은 사라지고 남은 슬픔은 당신 없이도 잘 자라고 있답니다. 바람이 오늘도 손끝마다 하얀 리본을 매달아줍니다. 한 장 한 장의 잎새들이 저 끝에서부터 웅성거리기 시작하면 심경은 수피 안에서 솟구칩니다. 동요한 손끝이 파르르 떨립니다. 왠지 오래 나부낀 것 같다는 생각을 했습니다.
이제 남은 문장을 털고 고독하고자 합니다.

슬퍼해도 괜찮다

아무도 내게 행복해야 한다고 말하지 않았더라면,
우울하지 말라고 가르치지 않았더라면,
나는 조금 더 살만한 사람이 되었을 수도 있겠다.

행복이 어떻고, 우울함이 어때서,
살면서 슬퍼해도 괜찮아, 라고
위로해주는 사람이 단 한 명만 있었어도,
나는 조금 더 살만한 사람이 되었을 수도 있었겠다.

슬퍼해도 괜찮다.
그것은 행복만큼이나 소중한 것이니까.

당신

아직 슬픔이 남아있다면
아직 눈물이 남아있다면
우리는 생의 한 가운데에서
여전히 삶을 사랑하고 있다는 증거다.

모든, 말라 죽어 가는 영혼들에겐
눈물도, 감정도, 표정도 없다.

눈물은 분명 살고자 하는 의지인 것이다.
그리하여 당신이
누구보다도 많은 눈물을 지녔다는 것은
이 삶을 진정 사무쳐 사랑한다는 증거이다.

그러니 당신, 여전히
뜨거운 사람,

펑펑 울어도 좋다.

꽃보다 강해 우리는

무너진다는 게,
얼마나 당연한 일인걸.
그러니 버티지 말고, 무너져 내리길.
최대치로.
그러면 애써 힘내지 않아도 또 일어서지더라.

때때로 꽃보다 강해 우리는.

슬픔의 성을 쌓은 자만이 누군가를 위로할 수 있다.

물처럼

울지 말라는 위로보단,
펑펑 울라는 용기를 당신에게 전하고 싶다.

많이 깨지고 부서져 보자,
물이 될 때까지.

Zeit meines Lebens,

태어났으므로
그 날, 세계는 시작되었다.

이 모든 계절을
흔들리며 다 통과할 것이다.

모든 계절이 유서였다

IV

하루하루 멀어져 간다

매일매일 이별하는 건
당신뿐만이 아니다.
시간은 사랑마저 옮긴다.

계절의 온도, 이동하는 구름
모두 어제의 것과 다르다.
살아있는 나는,
나와도 하루하루 멀어져 가는 중이다.

흐르는 강물처럼

생의 사랑, 고여있지 않아서 좋다,
머물지 않아서 좋다,
바람을 타고 부서지는 햇살에
네가 뛰어들어서 좋다,
내 물결 잔잔히 다 느끼고 갔으면,

나는 소리 없이 투명하게 흐를 것이다.
온 마음을 다해 흐를 것이다.

우주가 얼마나 큰지 알려주는 것은
거대한 고독뿐이다.
영감은 오직 고독 속에서만 얻을 수 있다.

〈 볼프강 괴테 〉

숲을 거니네, 나 홀로 아무것도 찾지 않는 것,
그것이 내 참뜻이었다네

〈 볼프강 괴테 〉

—

이따금씩 초점을 벗고 저 멀리 하늘을 관조해요.
하늘은 가없고 어떠한 경계도 없어요.
구름도, 바람도, 물도, 새도,
거리의 동물들도
스스로를 몰라 자유롭게 노닐어요.

그렇게 살고 싶어요.
그렇게만 살고 싶어요.

마음은

하늘을 바라보며 긴 숨을 쉴 때면,
시계가 닿지 않는 산 능선을 바라보고 있을 때면,
멈춰버린 마음의 순간을 경험하게 된다.

시간과 공간, 생각과 의식이 소멸하는
그 한순간, 영원으로 열리는 문이 있다.

한 번씩 눈도, 마음도, 심장도 열어두고
풍경을 바라본다.

자유는, 낙원은 찾고자 하는 것이 아닌,
지금 여기 내 안에 있다.
먼 곳에 있지 않고, 호흡하는 지금에도 있다.
매 순간 내 세계, 여기에 있다.

마음은, 있다

이따금 우리는 음악을 듣거나 혹은 차를 마시며, 생각들을 비워내고 커지는 마음을 본 경험이 있다.
마음은 보이지 않지만 언제나 이곳에서 열어주기를 기다리고 있다.

하늘을 가르는 새의 날갯짓, 사선으로 포개지는 낮과 밤, 그림자 속에서도, 그리움 속에서도, 혹은 나무, 흔들리는 잎 새 사이사이에도 마음이 있고, 당신과 나 사이에도 마음이 있어서, 서서히 팽창하는 순간의 지점, 어떤 차원의 열린 문 안으로 들어가 일생을 살다 나오기도 한다. 그러니까 마음은 있다.

나는 자주 그것을 경험하곤 한다. 마음 열고 고요 속으로 들어가는 것, 한순간 한 세기를 건너가는 일이 마음 안에서는 가능하다는 것. 단 한 걸음, 단 한 호흡이면 그것을 느끼기에 충분하다.
내면의 시차를 믿는다. 순간의 문을 믿는다.

다 제자리에 있었다

알고 보면 내 곁에 의식하지 못했던 사소한 모든 일이, 이렇게 절을 하며 울듯 감동스러운 것이다.
어쩌면 그게 전부인지도 모르겠다.

단지, 하늘을 올려보는 일.
가끔 음악을 들으며 떠나는 여행, 따뜻한 샤워와 차 한 잔, 계절에 따라 피어나는 꽃들, 그리고 좋아한다고 말하지 않아도 늘 곁에 있는 사람들.

살결에 닿는 그 무엇 하나도 사소한 것이 없어서.
소중한 것들은 늘 말이 없어서
자신을 드러내지 않으며 한결같이 주변에 존재했다.

왜 자주 잊는지 몰라.
그것을 위해 살아도 충분히 행복한 삶인데.

나만 정신을 차리면, 다 제자리에 있었다.

월동준비

나무와 풀들은 생계를 간소화한다.
새들은 날갯짓을 점검하며 긴긴 방랑의 채비를 한다.

죽음도 무릅쓴 긴긴 비행을 할 것이다.
꽃들은 서둘러 제 몸을 벗어버린다.

태연하게 월동준비를 한다.
불만도 걱정도 없이 고민도 미련도 없이.
차분하고 경건하게 다음을 척척 준비하고 있었다.

작은 온도에도 감정의 오두방정을 다 떠는 나는
그들을 바라보며 무지 카리스마 있고, 멋지다고
생각했다.

한동안 지속하는 공허가 무엇을 더 채갈까 더더욱
웅크리고만 있는 나는.

새들은 정말 멋지다

하늘에는 막 도착한 쇠 오리 떼가 피곤한 소리를 내
며 저공비행 중이다. 거대한 활시위를 당기며 동쪽에
서 서쪽으로 노을을 헤치고 있었다.
눈물 나게 아름다운 장면을 본다.

온갖 근심으로 웅크려 앉은 공터에서 저 하늘을 올려
보면, 새들의 눈빛 속에 단지 한 점으로 찍힌 나는,
정말 볼품없는 인간이지만,

시베리아를 활주하고, 북해도를 질주하며,
산전수전 공중전 다 겪은 새들의 용기가
날갯짓 한 번에 하늘까지 솟아오르는데도
더 내려칠 바닥이 없는지
자꾸만 땅을 바라보는 인간이지만,

새들은 정말 멋지다.
저들은 저토록 당당하게 울 수 있는 이유가
충분하다고 생각했다.

―

어떤 숲에 와서는 정숙해야 한다,
벚나무가 잎새를 한 장 한 장
심혈을 기울여 붉게 물들이는 중임으로,

호랑지빠귀

긴 긴 겨울이 견딜 만한 이유 중 하나는
이른 봄,
호랑지빠귀 울음소리를 들을 수 있기 때문이다.
그 기다림 하나로도 온 겨울 잘 버틸 수 있다.

가없는 혹한 속에서도
조금만 더 견뎌 보라고 곧, 괜찮아질 것이라고
먼 봄옷 자락을 남몰래 떼어와 약속하며
희망의 노래를 들려줬던 그가 가장 큰 위로였다.

.
나는 다음 생에서는
꼭, 누군가의 추운 새벽을 돌보는
호랑지빠귀로 태어나고 싶다고 생각한다.
이 생각은 오래전부터 변함이 없다.

나에게 사랑의 감정은 이런 것이다

요즘은 밤이와 오래 눈을 마주치고
가만히 있는 그 시간이 제일 좋다.
말하지 않아도 많은 것을 알 것 같아
코끝이 찡해지는, 그런 그윽함
요즘은 그윽한 눈빛에 대해 생각을 한다.

밤이가 나를 바라보는 눈빛
오래전 당신의 눈빛
모두가 잠든 밤의 보름달
모두 그렁그렁 한 것이다.

아무리 떠올려도 이것을 형용할 방법이 없어
짚었던 펜을 놓고 계속 망설이는 것이다.

사랑이 이런 거였나,
더 받아 적을 수 없는 그 깊고 오묘한 지점에서
코끝이 찡하고 심장이 먹먹한,
단어도 살지 않는 세계였나.

나는 요즘 아무에게도 사랑을 발설한 적 없지만
가장 사랑을 느끼는 시간을 보낸다.

이것을 어떻게 옮겨 적나,
내가 좋아하는 눈빛 속에는
말할 수 없는 것들만 가득한데.

그윽하게 빛나는

지쳐 들어와 외투를 입은 채 드러누우면 밤이가 오랫동안 내 눈을 바라본다. 내가 못 이기는 눈빛이다.
높은 가을 하늘을 봤다고 밤이의 눈동자도 저리 깊어졌나. 내가 못 이기는 눈빛이 생전에 딱 세 개가 있다.

달빛, 당신, 그리고 지금의 밤이.

울고 싶은 날은 많다. 세상에 지쳐 도망치고 싶을 때, 쉬운 일이 하나도 없을 때, 힘들다는 말을 할 곳 없을 때, 산책을 나오면 시선을 따라오는 보름달은 꼭 저런 눈빛으로 그렁그렁하더라. 나 대신 우는 눈빛이 있다. 요즘은 그런 것만으로도 제법 잘 지낸다.

그러나 누군가에겐 꽤 솔직하지 못한 가을을 보낸다.
인간인데도 인간 곁에서 인간적인 건 가장 어려운 일.
그리하여 비밀이 아닌데도 비밀이 되어버린 독백들은
저 혼자 자라나 무성한 숲을 이루겠다.

마지막 잎새와 꽃잎, 같은 거에 골몰했던 계절.

사람 아닌 것에 몰두했던 이유는 그것들은 인격이 없기 때문이고, 경계하는 일도 뒤돌아보는 일도 없기 때문이다. 모두가 떠나가도 다 떠나고 남은 자리에서 나 대신 울어주기 때문이다.

그것들을 받아 적고 있으면, 마치 그 혼들이 내 피를 타고 들어와 살아라, 살아라, 라고.
그러니까 자꾸만 살고 싶어진다.

계속 계절을 끄적이는 일기는, 대단한 시가 아닐지라도 가버린 계절의 몫까지 대신 사는 일이고,
어쩌면 인간이 가장 인간다운 행위를 지속하는 것일지도 몰라.

달빛이 좋다. 밤이처럼 좋고 당신처럼 좋다.
나를 바라보는 그윽하게 빛나는 것들은
꼭 진짜 사랑을 아는 것 같아.

꽃은, 우는 건지도 모른다

피고 지는 꽃들을 바라보며 어쩌면,
꽃은 피는 것이 아니라 꽃은,
우는 건지도 모른다 생각했다.

꽃잎 한 장 여는 동안
모든 살고자 하는 의지를 다 썼다.
죽어 다시 태어날 그 의지까지 다 썼다.
한 장 한 장이 시가 아닌 적도 없고,
유서가 아닌 적도 없다.
그러니 못생긴 꽃 한 송이 피고 지는 동안
우리 모두 묵념을.

꽃의 생애에 대해서도,
꽃말에 대해서도,
꽃의 색깔에 대해서,
꽃의 태도에 대해서도,
우리 모두 침묵을.

우리는 꽃이 아니면 모른다.
얼마나 밤새 울며 꽃잎을 내밀었는지도.

꽃 지는 계절.
살아있는 것들의 생애를
그 무엇도 허투루 생각할 수 없는 건
나의 고통이고 나의 직업.

할 수 있는 것은 기껏해야
그들을 멀리서 바라보는 일.
그들을 한 장의 종이 위에 몰래 훔쳐 옮길 뿐이지만,
내 것 아닌 생애에 대해서는 오늘도 기도를.

그것이 내게 주어진 이 삶의 유일한 도리이므로.

오늘도 펑펑 울어야겠지.
밤새 꽃잎 하나 내밀기 위해서라면.

완성을 향하는 시간

어쩌면 꽃들은 인간보다 더 지혜로워서
제 몸을 한껏 바깥으로 밀쳐낸 후에야 다시금
제 속으로 수긍할 줄도 안다.

겨울은 슬픔이 아니라
또다시 꽃잎을 피워내기 위한 명상의 시간.
비로소 완성을 향하는 시간이다.

내면에 들어온 향기를 만드는 일,
그리하여 시기적절한 온기에 피워낼 줄 아는 것,

이 계절, 아무래도 내 안에 들어 내가 되어봐야겠다.
온몸으로 하나의 향을 내밀기 위해서
이제, 내 안에서 나를 만들어야겠다.

—

그러니까 무언가 되려고 하지 말 것.
자신은 자신 이외에 그 어떤 것도 될 수 없으며,
타인을 흉내를 내는 삶이 아닌,
온전히 자기 자신이 되고 나서야
세상에 없는 계절을,
가장 아름답게 피워내는 것이니까.

—

명확한 것은 아직 세상이 끝나지 않았다는 것과
언젠가 이 세상이 끝난다는 두 가지 사실뿐이다.
마치 세상이 끝난 것처럼 포기하거나
절망하지 말 것이며,
세상이 영원할 것처럼 자부하지도 말 것이며,
살아감 그 자체가 최선의 행복이어라.

ich kann mich überleben,
weil Herz in mir bleibt.

어떤 말

그에게 이런 말을 하곤 했다.
그는 이제 멀리 가버린 듯하지만, 문장만은 내 곁에 남아있어서 나를 품어주곤 한다.

그에게 했던 숱한 말은 어쩌면 나에게 하고 싶었던 말인지도 모른다. 나는 그것을 골몰해서 읽어보았다.

아무것도 없어서 모든 것이 보였으면 한다.
가진 것이 없어서 더 너그러웠으면 좋겠다.

평범하지만, 절대 평범하지 않은
품위가 있었으면 한다.
나도, 마음도, 너도.

〈 *이, 별의 사각지대 본문* 〉

―

거친 꿈을 견디고 눈을 뜬 아침이었다.
뒤 뜰에 나가보면 나를 여러 번 불러 세우는 마음이 있다. 공기를 한 움씩 움켜쥐고 있는 개망초 얼굴, 붉어진 뺨으로 선잠을 깨우는 배롱 꽃, 그 곁에서 바람개비처럼 하늘을 펴고 있는 부지런한 능소화도 인사를 건넨다. 꽃잎 한 장 한 장 정성 들여 개화하느라 나는 발걸음도 조심이 옮겨야 했다. 꽃 볼이 하나씩 터질 때마다 허공에 밀려난 햇살은 골목에 서성이는 사람들의 골몰한 눈을 비비고 있었다.

보이지 않는 모퉁이에서부터 아침이 서서히 차오르면, 동시에 가슴의 가장 어두운 곳에서부터 꽃잎이 기세를 몰아 열린다.
꽃이 핀다는 것, 심장이 뜨거워지는 것.

어쩌면 꽃은, 매 하루 우리의 가슴 속에서 피어나고 지는지도 모른다. 풍경을 마주하는 마음이 없었더라면 꽃도, 하늘도, 당신도 모두 없었을 것이다.

나에게

그 무엇도, 영원히 네 곁에 있어 주지 않아, 나는, 너
야, 너의, 잘 들리지 않는 목소리야,

계속 귀를 기울여야 들리기 시작하는 나는
너의 마음이고,
나는 네게 천국일 수도 있고, 지옥일 수도 있어,
너의 행복일 수도 있고, 고통일 수도 있어,
나는, 굉장히 잔인할 수도 있고, 관대할 수도 있어,

매 순간 발견하지 않고 소홀하면, 사라지고 마는 나는,
바람이고, 시간이야,
나는, 네가 놓쳐버린 무수한 현재야,
한 번 사라져 버리면, 다시는 만날 수 없는
나는 너의 과거이고, 나는 너의 거울이야,

자꾸만 들여다보아야 잘 보이는 나는,
대면하기 싫은 모습일 수도 있고
꼭 끌어안아 주고 싶은 너일 수도 있어,

그리고 자주 가꾸고 매만져 줘야 할 정원이겠지.
나는 넝쿨과 잡초만 무성한 폐가일 수도 있고,
온기와 향이 가득한 집을 지을 수도 있지.
나는 모든 걸 단번에 무너뜨릴 수도 있어.
네 안에서, 무엇으로도 변할 수 있어.

앞으로, 너는 내 손을 잡고
경험하지 못한 새로운 세상으로 나아갈 수도 있고,
나를 등지고, 네가 사는 굴레에 평생 머물 수도 있어.
나는, 너의 선택이야.
나는 이제, 삶이 될 수도 있고
너의 후회가 될 수도 있어.
잘 봐, 나는 너의 마음이야, 너의 망각이고,

애쓰지 않으면 잘 보이지 않은 영역 여기서,
네가 자주 바라봐 주길 늘 기다리고 있지.
나는 그 무엇도 될 수 있는 너야.

⟨ *이, 별의 사각지대 본문* ⟩

피어오른다는 것

생의 꽃을 피우는 일은 아름답다.

사랑이 그렇고, 꿈이 그렇고 청춘이 그렇다.
그러나 피어오른다는 것
아픔을 수반하는 것
그러나
뿌리가 깊은 꽃은 곧게 피어오른다.

가슴 속 중심에서 꼭 붙들고 있는 그것이
꽃대인지, 끄나풀인지, 지푸라기인지 모르겠지만.

모르는 것으로 일관할 것.
한껏 붙잡고 피어올라 봐야 아는 것.

우리 한껏 기울어져도 좋겠다

낡은 일기장을 새삼스레 열어 본 적이 있다. 이상한 언어로 가득하다. 나무들과의 대화, 내 작은집의 화분들 이야기.

방황의 날들, 길가에 주저앉아 흐느껴 울 때, 미풍을 타고 살결을 어루는 꽃향기, 바람을 타고 와 간지럽히던 풀 향, 이름 없는 풀꽃들, 마실을 나갈 때면 앙상한 살을 서로 비비는 억새, 그 아름다운 음악들, 내 마음보다 더 헐벗은 몸으로 생명을 다해 버티는 나목들, 그리고 온갖 하소연을 다 들어주는 작은 수선화, 토닥이는 빗소리.
슬픔의 곁에는 늘 인간이 아닌 자연이 있었다.

반복되는 나락 속에서도 유독 자연의 방문 앞에서는 포근한 위안을 얻곤 했다. 나의 마음이 나도 모르게 자연에 기대 치유받고 있었던 것이다. 그리하여 썼다.

우리가 살면서 쉽게 지나쳐 갈 수도 있는 하늘이, 계속 변하는 쪽빛 하늘의 그림이, 어둠 속에 깊이 눈뜨고 내려다보던 별빛이, 그리고 사람들의 고단한 꿈을 조용히 덮고 있던 달빛이, 그런 것들이 내 마음에 들어와 어두운 마음을 호연지기 환하게 했다.

삶을 놓아버리고 싶은 수많은 절정에도 한 줌의 바람과 바람에 이는 풀잎의 유약한 생명에 위로를 받으며 반성했다. 이 모든 자연은 생명을 다해 상생하며 나누며 숨쉬는 세계여서, 언젠가 꼭 한번은 전하고 싶었다. 이 휴식을 전할 길이 없다.
인간의 언어로는 없어 보인다.

계절과 자연은 모든 사람을 통과할 것이다.
통과하며 보이지 않는 이야기를 계속할 것이다.
그러나 그것을 받들어 살아내는 것은 저마다의 마음에 달렸으므로,
이런 아낌 없는 날, 우리 한껏 기울어져도 좋겠다.

그냥 살 것

단지 오늘은 오늘이라 불렀던 수많은 과거와
오늘이라 불릴 수많은 미래에 끼어있는
오늘에 불과한 오늘,

중요한 건 여기 바람이 나직하고 새소리가 맑다.
어디선가 우연히 방문한 금목서 향에
코끝이 간지럽다.
이렇게 여러 번 계절이 반복되면
나이를 먹고 주름도 자라겠지.

꽃이 피고 지듯 반복되는 계절 속에서
단 한 번도 미래는 맞힌 적 없었으며
과거는 돌아온 적 없었다.

그리하여
그냥 살 것,
오늘도 그냥 중 제일 좋은 그냥으로 살 것.

단 하나의 삶

어느 날 당신은 알게 되었다.
자신이 무엇을 해야만 하는지.
그리고 마침내 그 일을 시작했다.
주위의 목소리들이 계속해서
잘못된 충고를 외쳐댔지만,
집 식구들은 불안해하고,
과거의 손길이 발목을 붙잡았지만
저마다 자신의 인생을 책임지라고 소리쳤지만,
당신은 멈추지 않았다.

자신이 무엇을 해야만 하는지 알고 있었기에.

거센 바람이 불어와 당신의 결심을 흔들고
마음은 한없이 외로웠지만,
시간이 이미 많이 늦고 황량한 밤,
길 위에는 쓰러진 나뭇가지와 돌들로 가득했지만,
조금씩 앞으로 나아가는 동안,
어두운 구름 사이로 별들이 빛나기 시작했다.

그리고 어떤 목소리가 들려왔다.
당신이 세상 속으로 걸어가는 동안
언제나 당신을 일깨워 준 목소리.
당신이 할 수 있는 단 하나의 일이 무엇인지
당신이 살아야 할 단 하나의 삶이 무엇인지를.

〈 메리 올리버 〉

먼 훗날,
나의 영정사진은 작은 들꽃 사진이었으면 한다.

아직, 절대고독이라는
이 권력을 내려놓고 싶지 않다.

,

나의 삶은, 고독 속에서만

매 순간 깨어나는 환생이었다.

—

꽃, 밤톨, 열매, 잎사귀 같은 것들이
톡, 톡 떨어진다.

한 번도 발설한 적 없는
그 단단한 침묵들이
비로소 바닥에 와서야
소식을 전하는 것이다.

최후가 되어서야
최초의 소리를 내는 것이다.

모든 계절이 유서였다.

Rita's Garten
모든 계절이 유서였다

—

지은이 © 안 리타
메일 an-rita@naver.com
펴낸곳 홀로씨의 테이블

1판 1쇄 발행 2018 년 10월 29일
1판 17쇄 발행 2025 년 10월 22일

ISBN 979-11-961829-2-2

이 책의 판권은 저자에게 있습니다.
책 내용의 전부 또는 일부를 이용하려면 동의를 받아야 합니다.